Un Hôtel Meublé

POUR

Célibataires Hommes

Un Hôtel Meublé

pour

Célibataires Hommes

A l'exemple de Londres, New - York, Glascow, Milan et plusieurs villes d'Allemagne, — Paris veut se voir doté d'un *Hôtel meublé pour Célibataires Hommes*, proportionné aux besoins économiques d'un grand arrondissement industriel et populeux.

Déjà la Société Philanthropique a, en 1902, rue des Grandes-Carrières, 37, à Paris, derrière la place Clichy, ouvert un " Hôtel meublé pour Célibataires Femmes " de dimensions restreintes, il est vrai :

(20 chambres.... à 1 fr. par jour).

(36 chambrettes, à 0,60 par jour).

mais toutefois assez important pour pouvoir juger, comparer et, de ce fait, espérer voir s'édifier également pour les *Hommes célibataires*, l'hôtel meublé si longtemps désiré.

Un besoin impérieux se fait actuellement sentir de procurer à l'ouvrier honnête désireux de se loger à bon compte, un « home » économique ne manquant ni d'un certain confort ni d'une hygiène pratique.

Nous pensons avec juste raison, qu'il est un devoir de soustraire le travailleur des hôtels meublés, dont les chambres, d'une propreté douteuse, mal aérées, l'obligent souvent, son labeur terminé, à séjourner chez le marchand de vins-hôtelier ou le mastroquet du coin.

Mais cette pensée d'humanité et de charité, qui dans cet ordre d'idée domine, ne doit exclusivement pas présider à son établissement. Car ce n'est pas avec la seule charité que l'on vient le plus efficacement en aide aux besoigneux. C'est souvent de l'industrie et de l'initiative privée, conduites avec sagesse, largement basées sur une sévère organisation, ce sont d'elles que l'ouvrier doit attendre la possibilité de pouvoir jouir et profiter pour une somme relativement modeste des principes d'hygiène, d'aisance et de confort qui actuellement lui sont refusés.

En cet ordre d'idées, nous devons prendre exemple sur les "**Rawton Houses**" de Londres, dont les 5 hôtels meublés pour **célibataires hommes** contiennent actuellement près de 3600 lits. Un dernier hôtel également pour hommes vient d'être édifié par le "**Concil County**" de Londres, et ouvert en novembre dernier, il renferme 802 lits pour pensionnaires.

Deux autres hôtels semblables;toujours à Londres, sont actuellement à l'étude : l'un pour les hommes, et un autre pour les femmes. New-York, avec le caractère grandiose qui préside à toute innovation aux Etats-Unis, n'est pas resté en arrière, Mr Ogden Mills vient de faire construire un hôtel similaire à New-York abritant 1500 personnes.

Lorsque Lord Rawton eût édifié le premier de ces hôtels; il resta longtemps désert. La croyance

ue cet hôtel était une institution exclusivement
hilanthropique en éloignait les ouvriers.

Si bien que cette œuvre dont la popularité eût
à être rapidement populaire, courût les risques de
e trouver arrêtée dans son essor.

Il fallut, pour obvier à cet inconvénient, donner
ne très grande publicité et faire connaître à la masse
ue l'intention des auteurs était non de vouloir capter
a confiance des ouvriers, mais de faire fructifier le
lus sagement et le plus économiquement le capital
ngagé dans cette entreprise tout en leur donnant,
vec une nourriture saine, le confort et la propreté,
et autre luxe,

L'on comprendra aisément qu'une pareille institu-
on ne procure pas seulement des avantages matériels
ux ouvriers, mais aussi des avantages moraux
onsidérables. La jouissance d'une tranquillité saine
t disciplinée opère sur leur esprit et leur caractère
ne bienfaisante influence, tout en les éloignant des
entres de désordre et du contact des dépravés.

La Société " **Les Rawton Houses** ", pour ne
arler que de celle-ci, fut fondée en 1893. Au capital
e 6.250.000 francs, divisée en 12.500 obligations à 4 0/0
t 12.500 actions de 250 francs chaque, elle fut rapide-
nent portée l'année suivante au capital de 7.500.000
rancs. D'après les rapports officiels publiés chaque
nnée, il résulte que, après déduction des réserves
égales, des intérêts dûs aux obligataires, il est servi
ux actionnaires un intérêt net s'élevant jusqu'à 6 0/0.

Le prix de revient de chaque lit, non compris
errain, est d'environ **1500 francs.**

DISPOSITIONS GÉNÉRALES

POUR

L'ÉTABLISSEMENT DE CET HOTEL

Afin de ne pas grever trop considérablement les premiers frais d'établissement d'un semblable hôtel que nous supposons édifié au centre d'une agglomération ouvrière, où généralement le prix du terrain reste assez élevé, nous solliciterons de l'Assistance publique la location, pour 99 années, d'un des nombreux terrains qu'elle possède à Paris.

Ainsi l'Assistance publique viendrait en aide à elle-même.

Cet immeuble devra être construit au centre d'un grand terrain, entre deux voies d'inégales importances.

Sur la plus fréquentée s'ouvrirait la porte d'entrée de l'Hôtel, sur l'autre déboucherait le passage de service utilisé pour les charrois divers qu'une pareille installation nécessite *(voir fig. 8)*.

Cette disposition permettrait l'aliénation ou la location avantageuse des terrains en bordure, dont

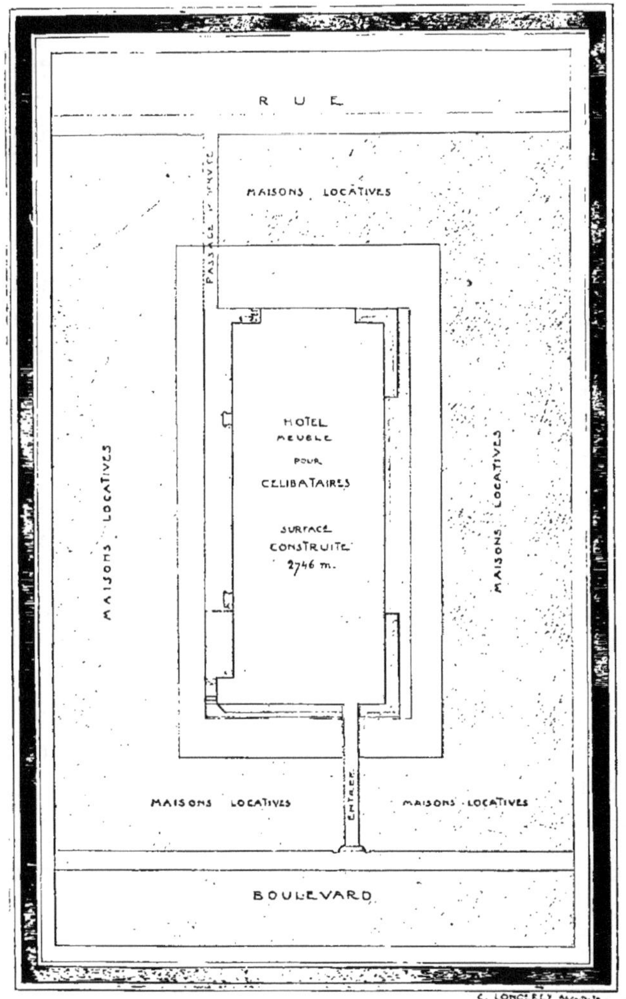

Fig. 1. — Plan de situation et d'ensemble.

l'énorme plus-value acquise par ce fait, deviendrait profitable à l'assistance elle-même *(voir fig. 1)*.

La superficie occupée par le terrain nécessiterait une surface de 3.800 ^{m2} environ, et celle occupée par la construction elle-même une surface de 2.800 ^{m2} environ pour 800 lits (160 par étage). (¹)

Afin d'obtenir pour chaque lit un prix de revient minima, il eût été trop aisé d'utiliser les moyens extrêmes, d'établir une construction légère sans aucun confort intérieur. En usant de cet expédient, on eût rendu l'Hôtel semblable à quelque asile provisoire, à quelque usine, et par ce fait éloigné les ouvriers d'un hôtel rappelant par trop les locaux peu hygiéniques où chaque jour ils peinent.

Quoique situé au centre d'une agglomération, sans bannir de cet Hôtel toute espèce d'architecture, il était nécessaire d'en rendre l'aspect attrayant et gai, afin de faire naître chez ses locataires une sorte d'orgueil et de satisfaction. Aussi voulons nous tenter la réalisation d'une institution pratique, propre et durable, et, point essentiel, établir une construction des moins sujette aux réparations et aux déprédations inévitables dans un hôtel habité par 800 locataires.

L'Hôtel serait divisé en plusieurs sections :

1° **Le Bureau, l'Appartement du directeur et celui de l'employé ;**

2° **Les femmes de service des dortoirs ;**

---

(1) Il existe certainement plus de 800 ouvriers ou employés célibataires, dans un des quartiers populeux, comme la Chapelle ou Belleville, qui apprécieront le confort de notre économique Hospitalité.

3° **Le Restaurant (cuisine, offices et le loge-ment des femmes de service)** ;

4° **Les Salles de jour des locataires** ;

5° **Les Dortoirs**.

Toutes ces sections groupées en : **1 sous-sol, 1 rez-de-chaussée**, et **3 étages de dortoirs**.

Les Sections 1, 2 et 3 sont situées de telle sorte qu'elles ne peuvent en aucune façon communiquer avec les 2 autres Sections occupées par les locataires.

La disposition générale adoptée pour l'ensemble du plan nous a paru la plus rationnelle en vue d'obtenir le maximum d'air et de lumière possible, avec le minimum de surface construite et, de séparer complè-tement les locaux occupés par la **Direction** et le **Restaurant**, de la **Terrasse-promenoir** située au 1er étage entre les deux ailes des **Dortoirs**.

Nous avons adopté le parti de placer au rez-de-chaussée toutes les salles occupées par les pensionnai-res pendant la journée, ainsi que celles occupées par le **Restaurant**, afin d'obtenir des salles et des locaux aisément accessibles, d'une surveillance aisée, sains, bien aérés, faciles à chauffer, et éviter l'humidité tou-jours envahissante pour ceux situés dans les sous-sols.

Les principaux matériaux désignés pour cette construction sont des meilleurs :

Béton et meulière pour les fondations.

Brique de Bourgogne et ciment en élévation.

Planchers en ciment armé, assurant une incombus-tibilité parfaite.

Toiture et terrasses en ciment armé.

La partie supérieure de la toiture enduite de goudron de gaz et sablée.

La partie mansardée enduite également mais recouverte d'ardoises clouées.

La terrasse en ciment, avec une couche d'asphalte pur et ensuite une couche d'asphalte mélangé.

D'autre part, une grande partie des murs et soubassements intérieurs verticaux sont revêtus de grès ou construits en briques émaillées, de plusieurs tons, devant faciliter les soins habituels de propreté et empêcher les dégradations des murs tout en leur conservant cet aspect luisant, presque luxueux, dont l'absence dans nos asiles, fait généralement défaut.

Locataires, Pension= naires.

Pour obtenir une idée un peu complète du fonctionnement d'un hôtel pour célibataires, nous suivrons si vous le voulez bien un de nos futurs locataires dès son entrée dans l'Établissement *(voir plan du rez-de-chaussée fig. 3).*

Notre pensionnaire valide ([1]) est admis contre le paiement d'un ticket pris au **Bureau** d'entrée près des tourniquets. ([2])

Ce ticket, d'une valeur de *50 centimes*, est pris pour une seule nuit, ou pour une semaine entière,

---

([1]) Dès qu'un locataire se trouve atteint d'une maladie présentant un certain caractère de gravité pouvant devenir contagieuse, il est conduit, aux frais de l'Hôtel, dans un hôpital ou tout autre endroit désigné par lui.

([2]) Ces Tourniquets n'enregistrent pas l'entrée d'un locataire, ils ne servent que comme barrière morale, les locataires peuvent entrer et sortir, toute la journée.

1 ce cas les sept nuits ne coûtent que la modique
omme de **3 francs**, le preneur du ticket bénéficiant
nsi d'une nuit.

Pour régulariser sa comptabilité l'employé du
ureau biffe au même instant sur la feuille de location
lacée au devant de lui (*800 cases*).
e numéro correspondant à celui du ticket, et de la
iambre louée.

Puis contre le versement d'une somme de **0.50**
entimes en garantie, il lui remet la clef de son
rmoire avec numéro correspondant à celui de la
iambre. Lorsque notre locataire veut quitter
iôtel, une somme de **0.40 centimes** lui est resti-
iée, l'administration ne devant conserver que **0.10**
entimes pour la location de l'armoire, même s'il
enait à rester une année et plus, — mais, comme
oyen de contrôle, il doit en renouvelant sa location
ésenter à nouveau sa clef.

Il peut aussi, s'il le désire, déposer au bureau
us les objets de valeur qui, placés dans un coffre-
rt, lui seront restitués lors de son départ.

En face du bureau se trouve une grande salle où **Salle des**
iaque locataire dépose les objets volumineux qui **gros paquets**
iccompagnent, tels que malles, outils, etc., ne **et bagages.**
iuvant se placer dans l'armoire, — pour ce dépôt
paie une location de **0.10 centimes** pour toute la
irée de son séjour.

En admettant que notre locataire ait déposé l'en-
imbrant bagage qui l'accompagnait, pour ne conser-

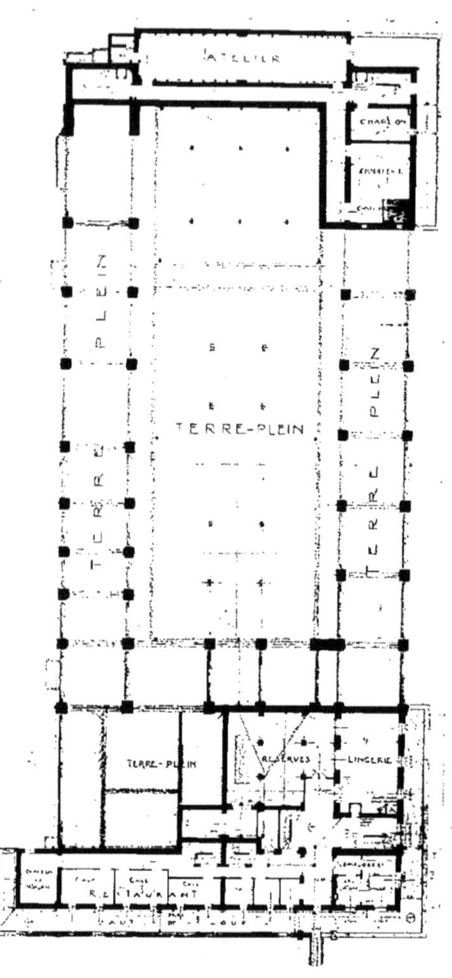

Fig. 2. — Plan des sous-sol et fondations.

r que le nécessaire à ses besoins journaliers, il
gera le couloir s'ouvrant au devant de lui et trou-
ra à sa droite la série des **salles d'armoires** (800).

A l'entrée de chacune d'elles sont inscrits les nu-
ros des armoires disposées à droite et à gauche
r 3 rangs en hauteur. Chacune mesure 1 m. de
uteur sur 0 m. 50 de largeur, munies de 2 tablettes
l'intérieur, construites toutes en sapin, portes et
parations; les 2 tablettes intérieures sont échan-
es sur le côté pour y placer soit une canne ou un
rapluie.

Chaque porte numérotée est munie d'une ser-
re de sûreté avec clef spéciale et, percée aux angles
quatre trous pour l'aération. Une échelle double
ns chaque salle est mise à la disposition des loca-
res auxquels échoient les armoires supérieures.
e table leur sert à étaler momentanément les
jets ou vêtements rangés dans l'armoire.

Comme nous venons de le dire, la location de
aque armoire ne coûterait que 0 fr. 10 pour un jour
pour un an, le surplus du dépôt (0 fr. 40) étant
stitué après remise de la clef.

Toutes les menuiseries, les murs et plafonds, sont
ints au Ripolin, le sol de ces salles est parqueté
hêtre posé sur bitume.

S'étant libéré de ses divers bagages et après son
beur terminé; notre locataire sentant le besoin de se
conforter dirigera ses pas du côté de la **salle à man-
r**, ou il pénétrera par une des portes disposée à
ntrée du grand dégagement,

**Salles des
armoires.**

Dans ce même couloir, en face de l'escalier, placée dans un angle une petite **fontaine** lui donnera l'eau potable pour se rafraîchir.

Tous les couloirs et dégagements, les encadrements des portes et des baies sont revêtus de grès ou briques émaillées de plusieurs tons, le tout formant décoration continue d'une hauteur de 1 m. 80 environ, les sols sont dallés en ciment lissé.

En général, toutes les portes ouvrant sur les salles; afin d'éviter leur développement sur les couloirs, sont disposées en tambour à deux vanteaux vitrés, va et vient.

Salle à manger.

La salle à manger, spacieuse, bien éclairée par de grands lanternaux et une large baie ouvrant sur le promenoir, peut contenir environ 350 personnes assises (proportion suffisante).

Tous les murs sur une hauteur de 1 m. 80, le pourtour des baies, les appuis et les piliers sont revêtus de grès ou briques émaillées de plusieurs tons formant un ensemble décoratif.

Le surplus des murs et le plafond sont peints au Ripolin.

Le sol (¹) est en frises de hêtre retournées en tous sens, posées sur bitume et forme en béton.

Les tables et les bancs qui meublent la salle ont les dessus et les dossiers en chêne ciré, les pieds en fonte fixés au sol.

---

(1) Nous avons de préférence choisi le hêtre au lieu et place du chêne qui semblerait mieux convenir. mais à la suite de fréquents lavages devient d'un aspect gris sale. Par contre le hêtre aussi résistant, peut être aisément lavé et protégé par un épandage de sciure de bois.

Ces tables ont environ $2^m15 \times 0^m80$.

Le pensionnaire désireux de prendre son repas s'adresse au **Magasin-restaurant** en désignant le plat de son choix dont une liste avec prix est affichée, le paye aussitôt et, muni de son assiette garnie, de son pain et de son couvert, va s'installer à la place choisie pour le savourer tranquillement.

Les assiettes, les couverts, etc., sont ensuite ramassés par les surveillants et portés à la **Laverie**.

Le pensionnaire dont le chômage ou le loisir permettent de consacrer à la préparation de ses aliments un certain laps de temps et ne voulant pas s'adresser au restaurant, à la faculté d'apporter avec lui ses provisions, de les préparer lui-même dans les casserolles et plats mis à sa disposition, de les faire cuire sur le **potager** commun disposé au milieu de la salle pour ce service.

Ce fourneau, construit en briques, recouvert de plaques de fonte, se trouve chauffé par deux foyers à charbon de terre placés aux deux extrémités.

L'aération de cette salle s'effectue par les lanternaux placés au centre.

Pour faciliter la préparation de ses aliments, l'Administration met à la disposition du locataire une salle, à proximité de la salle à manger.

Dans cette salle, sur des tables et des tablettes en hêtre placées au pourtour, est rangé le matériel nécessaire prêté au pensionnaire, tel que **casseroles**, **plats** étamés, **couverts, assiettes, écuelles, bols** en grosse porcelaine, **verres,** etc...

Laverie des Pension=
naires.

Il utilise également les **cinq éviers** profonds en grès émaillé placés dans cette pièce, alimentés d'eau chaude (¹) et d'eau froide, servant au lavage de la vaisselle et au nettoyage des légumes.

Dessous chaque évier, une poubelle en tôle galvanisée reçoit tous les débris et épluchures provenant de cette préparation.

L'Administration lui donne en outre gratuitement **le sel et le poivre** nécessaires à l'assaisonnement de ses aliments.

Les murs de cette salle sont revêtus de grès émaillé blanc jusqu'au plafond qui, lui-même, est peint au ripolin.

Le sol est dallé en ciment lissé sur béton, avec caniveau en grès émaillé pour l'écoulement rapide des eaux avec pentes et contre-pentes nécessaires au lavage du sol.

Vers la fin du repas, les surveillants portent dans cette **Laverie** toute la vaisselle salie trouvée sur les tables de la salle à manger, puis, déposée dans les **Tours** qui communiquent avec la **Laverie du Restaurant**.

De la salle à manger, le locataire peut, si le temps est beau, sortir sur le promenoir extérieur, s'asseoir sur un banc et fumer, qui une pipe, qui une cigarette.

Fumoir.

Si le temps semble menaçant ou incertain, il passera au **Fumoir** par le tambour vitré faisant communiquer les deux salles.

---

(1) L'eau chaude est fournie par un bouilleur à circulation à gaz allumé par le surveillant au moment des repas.

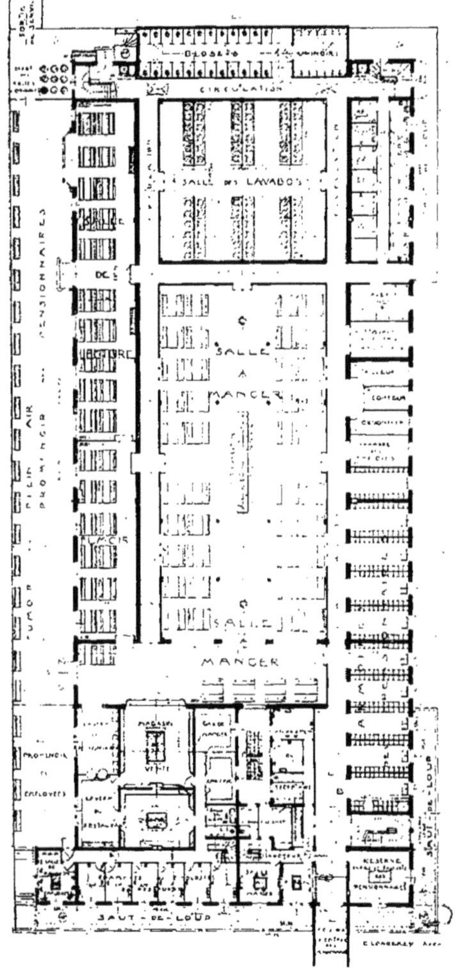

Fig. 3. — Plan du rez-de-chaussée.

Les murs, le plafond et le sol de cette salle sont en tout semblables à ceux de la **Salle à manger**.

Des tables, des bancs, des chaises et quelques fauteuils permettent à **une centaine** de personnes d'y prendre place (proportion d'autant plus suffisante que l'accès du promenoir extérieur est aisé.

Des tableaux appendus au mur en rompent la monotonie.

Salle de Lecture. Du **Fumoir**, on peut gagner le couloir ou la **Salle de lecture**.

Les murs, plafonds, sol, tables, bancs, chaises et fauteuils de cette salle sont en tous points semblables à ceux du **Fumoir** et de la **Salle à manger**.

Les murs au-dessus du soubassement en grès émaillé peuvent être décorés de sujets allégoriques, présentant un caractère moral; de tableaux ou autres motifs décoratifs,

Des bibliothèques vitrées sont disposées le long du mur côté couloir.

Les livres qu'elles contiennent sont mis à la disposition du locataire sur sa demande par les surveillants, mais ils doivent être restitués chaque soir.

Il y peut faire sa correspondance et a la jouissance des **Journaux** et des **Revues**, de **Jeux** de Dominos, d'échecs, de dames, sauf de cartes qui sont totalement interdites.

Une **Loggia** disposée sur un des côté de la salle où peuvent être groupées des chaises aidera à la causerie entre gens de même métier aimant à s'entretenir de leur profession.

S'il sort de la **Salle de lecture** en prenant le couloir transversal entre la **Salle à manger** et la **Salle des Lavabos**, notre locataire rencontrera à proximité des **Salles d'Armoires** et du même côté, trois petites salles louées au **Coiffeur**, au **Cordonnier** et au **Tailleur**. **Coiffeur.**
Cordonnier
Tailleur.

Ces trois locaux avec façades vitrées ; sont séparés entre-eux par des cloisons pleines, aérées au-dessus. Le plafond et les murs sont peints au Ripolin.

Ces sols du **Coiffeur** et du **Tailleur** sont en parquet de hêtre sur bitume et forme en béton, celui du **Cordonnier** est dallé en ciment lissé, avec forme en béton.

Les trois petites Salles possèdent chacune un évier en grès émaillé blanc avec alimentation d'eau froide, le **Coiffeur** à en plus, l'eau chaude et les accessoires nécessaires à sa profession. Elles sont louées à des locataires de l'Hôtel moyennant une redevance minime.

Contigüe aux trois salles ci-dessus, du côté des **Chambres d'armoires**, se trouve la **Chambre des Surveillants** (ceux-ci ne pouvant rester la journée dans leurs chambres des dortoirs, il leur est affecté une pièce spéciale où ils peuvent compléter leur toilette, surveiller leurs vêtements et, prendre à tour de rôle, un peu de repos, ils ont un évier avec alimentation d'eau chaude et d'eau froide. **Chambre
des
Surveillants**

Tous les murs et plafonds sont peints au Ripolin, le sol parqueté en hêtre sur bitume.

Salle de nettoyage des chaussures et vêtements.

Plus loin, longeant le couloir, au fond de l'Hôtel, notre locataire trouvera la **Salle pour le nettoyage des Chaussures et des Vêtements** avec bancs et tablettes en chêne disposés autour des murs, et table au centre.

Murs peints au Ripolin et sol dallé en ciment lissé.

Laverie du linge des locataires.

En continuant son chemin il parviendra à la **Laverie du linge des locataires,** ouverte de 8 heures du matin à 10 heures du soir.

L'ouvrier qui, vu l'état peut-être trop rudimentaire de sa garde-robe, se trouve dans l'impossibilité de porter chez la blanchisseuse le linge usagé ou défraîchi, peut, dans la soirée, après son travail ou pendant les journées de chômage, procéder au lavage de ses hardes, dans des **éviers profonds** en grès émaillé, alimentés d'eau chaude et d'eau froide. Cinq de ces éviers sont destinés à cet usage.

Un **poêle** chauffé au charbon, placé du côté opposé à la fenêtre, avec **grille porte-linge** au pourtour, leur permet de le faire rapidement sécher.

Les murs de cette pièce sont revêtus en grès émaillé, le sol est dallé en ciment lissé, avec caniveau en grès pour l'écoulement rapide des eaux.

Salle des Lavabos.

A gauche du couloir, derrière la **Salle à Manger,** il accèdera à la **Salle des Lavabos** par des tambours avec portes et impostes vitrés. Un grand lanterneau central éclaire cette salle.

Tous les murs sont revêtus en grès ou briques émaillées du haut en bas, le plafond est peint au Ripolin. Le sol est dallé en ciment lissé.

Les locataires ont pour leur usage **72 Lavabos** alimentés d'eau chaude et d'eau froide, par des robinets en bronze, de larges **cuvettes** en grès émaillé ou en porcelaine sont disposées sous des tables en ardoise polie ou de marbre, soutenues par des fers et petits murs en briques émaillées. Au-dessus de chaque lavabo, traverse en chêne avec crochets **Porte-manteaux** et **Porte-chapeaux** puis, à l'extrémité côté central un double rouleau **Porte-serviettes**. Les serviettes sont changées deux fois par jour *(voir fig. page 10)*.

Cette salle est ouverte le matin jusqu'à 10 heures, puis netttoyée et ouverte à nouveau de 3 heures à minuit. L'évacuation des eaux, au dessous de chaque lavabo, se fait librement dans un caniveau en grès émaillé et par des tuyaux en grès communiquant entre eux sous le passage central. Toute la canalisation d'eau froide et d'eau chaude est en fer, passant sous chaque lavabo à l'air libre, utilisant ainsi la déperdition de chaleur de la conduite d'eau chaude pour tempérer la salle.

Des glaces placées en plusieurs endroits de la salle sont utilisées par les pensionnaires pour leur toilette.

A droite du couloir et en face la **Salle des Lavabos** le locataire pénètre dans la grande salle où se trouvent

Salles de Bains.

Les robinets mitigeurs sont aisément détériorés et les cuvettes basculantes d'un nettoyage peu pratique.

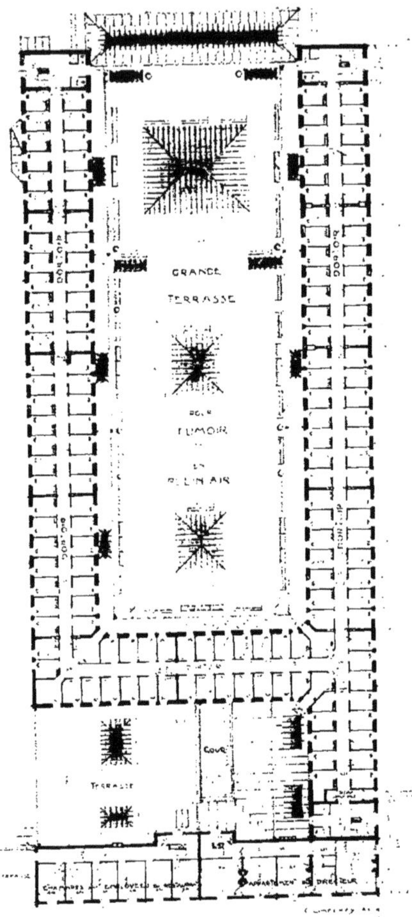

Fig. 4. — *Plan des étages.*

réunies les **Salles de Bains** et la **Salle des Bains de Pieds.**

Les **Salles de Bains** sont séparées entre elles par les cloisons en briques émaillées d'une hauteur d'environ 2 m. 30 au-dessus du sol, dallé en ciment lissé ; et supportées par des fers à U laissant au dessous un espace aéré d'environ 0. 10 centimètres.

Elles sont fermées par des portes en chêne et sapin, avec partie aérée en dessous.

Les **Baignoires** au nombre de **cinq** sont en grès émaillé avec alimentation en fer pour eau chaude et eau froide, Robinetterie en bronze à carré et clef.

L'évacuation des eaux se fait librement dans un caniveau en grès émaillé les conduisant à la canalisation principale.

Dans chaque salle, petit **Caillebottis** en sapin rouge, avec chaise et porte-manteaux.

Chaque bain compris linge et savon coûte 0 fr. 10 centimes.

Du même côté que les **Salles de Bains** une **Cabine de Déshabillage** est réservée à l'usage des pensionnaires qui arrivent à l'Hôtel trempés par la pluie, ou utilisée par ceux qui désirent changer de vêtements aux heures où les dortoirs ne peuvent être accessibles.

Cabine de Déshabillage

Du côté opposé aux **Salles de Bains**, et séparée d'elles par un dégagement, se trouve la **Salle des Bains de Pieds** avec **14 Bains** en grès émaillé, alimentés d'eau chaude et d'eau froide ; par une canalisation en fer et Robinetterie en bronze.

Salle des Bains de Pieds.

L'évacuation des eaux se fait librement dans un caniveau en grès émaillé, les conduisant à la canalisation principale. *(voir fig. 10)*

Tous les murs et cloisons de ces deux Salles sont revêtus en grès ou briques émaillés jusqu'au plafond qui, de même que les boiseries, sont peintes au Ripolin.

Les sols sont en ciment lissé avec pentes nécessaires, Cette salle, est meublée avec chaises et porte-manteaux.

Les bains de pieds sont **gratuits.**

**Water=
closets
Urinoirs.** A l'extrémité de la construction, entre les deux grands escaliers, complètement séparés des salles de jour, le pensionnaire trouvera les **Closets** et les **Urinoirs.**

Les **Closets** sont au nombre de 24, Les **Urinoirs** au nombre de 14 ; quantités grandement suffisantes.

Tous les murs sont revêtus de grès émaillés et les cloisons sont construites en briques émaillées de 2 m. 20 de hauteur portées sur fer à U, avec aération de 0.10 centimètres au-dessous.

Les portes sont en chêne et sapin, aérées par le bas et peintes au Ripolin.

La **cuvette** et le **siphon** des Closets sont en grès émaillé, modèle Hospitalier à gros rebord permettant l'assiette pendant l'été et la pose d'un abattant en chêne verni pour l'hiver.

Réservoir de chasse en fonte avec chaîne de tirage.

Tuyau de chasse en fer.

Les **Urinoirs** sont du modèle circulaire, en grès émaillé, avec caniveau en grès et réservoirs de chasse automatique pour le lavage des deux groupes.

Toute la canalisation est en fer, avec robinetterie en bronze avec clefs.

Le sol est dallé en ciment lissé sur béton avec pentes pour le lavage.

Quoique muni de son **ticket** le locataire ne peut accéder aux **dortoirs** que depuis 7 h. du soir et n'y séjourner que jusqu'à 9 heures du matin. **Dortoirs, Chambres.**

Pendant la journée les chambres sont livrées aux femmes de service employées au nettoyage, au lavage des planchers, à l'aération des chambres et des lits et leur réfection pour la nuit suivante.

Les 3 grands **escaliers** situés aux extrémités des couloirs de circulation, sont fermés par une grille en interdisant l'accès, ils sont construits en ciment armé, avec dessus lissé et semelle anti-glissante scellée sur le bord de la marche.

Rampe en fer rond, et murs revêtus en grès émaillé ou brique sur une hauteur de 1.80, suivant le rampant.

A chacun des paliers sont indiqués les numéros des chambres contenues dans l'étage, un closet et un évier poste-d'eau en grès émaillé, s'y trouvent installés pour les besoins de la nuit.

Au premier étage, à chacun des escaliers d'extré-mité d'ailes, des portes donnent accès, le soir, à **Terrasse.**

la grande **Terrasse-fumoir** servant de plafond à la **Salle à manger** et aux **Lavabos**.

Cette **Terrasse** est construite en ciment armé, avec couche d'asphalte pur et chape en asphalte comprimé, empêchant toute infiltration.

Elle est garnie de **Bancs**, à l'usage des locataires, des caisses d'arbustes placés en bordure sur les bas côtés forment un rideau de verdure au devant des fenêtres.

Chaque étage est divisé en douze sections de 12 ou 14 chambres, séparées entre elles, par un mur de refend, comportant les tuyaux de ventilation des Salles du Rez-de-Chaussée ou par une cloison en briques de 0.15 d'épaisseur afin d'arrêter la propagation possible d'un incendie — malgré l'incombustibilité des planchers en ciment armé, — et pour empêcher aussi les épidémies partielles de se propager.

Chaque **section** est séparée de sa voisine par une porte vitrée à deux vantaux, va-et-vient.

En cas d'épidémie, ces portes sont fermées et calfeutrées jusqu'à complète désinfection.

Deux **surveillants** ont la garde de chaque étage; leur mission étant de maintenir le bon ordre parmi les locataires, de les empêcher de fumer, chanter, parler à haute voix, en un mot, de déranger leurs voisins.

Ces **surveillants** sont également chargés des compteurs d'étages, de régler la consommation du gaz et d'en prévenir les fuites, (le gaz reste en veilleuse une partie de la nuit).

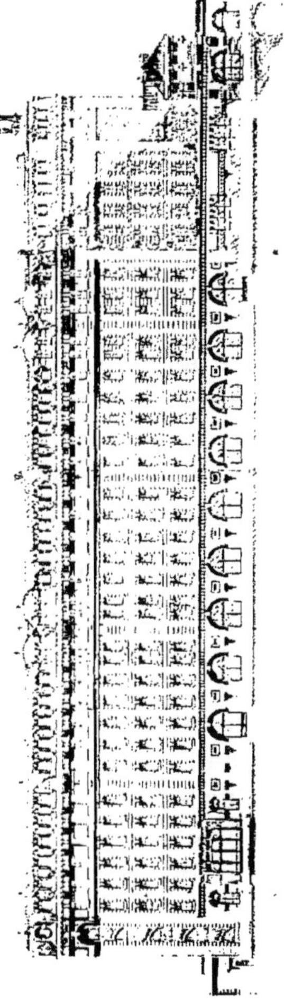

Fig. 5. — Grande façade latérale, côté promenoir.

Ils doivent au besoin réveiller les locataires obligés de partir le matin de bonne heure ; un dortoir spécial est réservé à ceux se rendant de nuit à leur travail.

Vers neuf heures du matin, les derniers locataires restant encore dans les chambres sont invités à descendre dans les salles de jour du Rez-de-chaussée et, l'accès des dortoirs reste interdit jusqu'à 7 heures du soir.

Les **sections** sont divisées par un couloir central en deux parties de 6 ou 7 chambres chacune. Les chambres ont une dimension de 1 m. 80 de large sur une longueur de 2 m. 25, soit une surface réelle de 4.05^{m2}; séparées entre elles par des cloisons de 2 m. 50 de hauteur et de 2 m. 20 pour celles en bordure sur le couloir, afin d'en faciliter la surveillance.

Le mobilier de chaque chambre comporte un lit de fer, tube creux verni de 1 m. 90 de long. sur 0 m. 80 de large avec sommier métallique, garni d'un matelas de laine et tampico avec enveloppe en grosse toile forte. Deux draps militaires en coton, avec traversin et oreiller de crin animal, housses en coton, deux couvertures dont l'une plus épaisse forme couvre-lit. Le lit entièrement garni peut se relever contre le mur ou contre la cloison afin de faciliter le nettoyage du parquet. Une chaise en bois verni, un vase de nuit, une tablette fixée à la cloison, contre le couloir, deux porte-manteaux; complètent l'ameublement de la chambre.

Chaque chambre à sa fenêtre particulière mesurant 0^{m},70 de large sur 1^{m},65 de hauteur, assurant ainsi une ventilation parfaite.

Les cloisons séparatives sont en chêne et sapin (¹). Les bâtis en chêne et les frises en sapin avec baguettes sur joints. Les portes sont aérées en-dessous sur une hauteur de 0^m,05. Toutes ces menuiseries, les mur et les plafonds sont peints au Ripolin. Au bas des murs un petit enduit en ciment de 0^m,14 de hauteur évite la plinthe en menuiserie *(voir plan des Etages fig. 4 et fig. 9).*

Le Plancher est en lames de sapin rouge (²) clouées sur lambourdes fixées au plancher en ciment armé.

A chaque étage et à chaque extrémité d'une des ailes près des escaliers se trouvent les monte-charges utilisés pour la descente au sous-sol dans l'étuve sèche, des matelas souillés pendant la nuit.

A chacun des étages il existe 3 postes d'incendie avec portes vitrées, ces postes sont reliés électriquement avec le bureau du Directeur.

---

(1) Les cloisons enduites en plâtre, sont facilement dégradées, la pratique les a proscrites.

(2) Le sapin rouge est aisément lavable et d'une assez grande durée

ADMINISTRATION

L'administration se compose :

1° D'un **Directeur** (¹), occupant avec sa famille un appartement ;

2° D'un **Secrétaire ou Employé** avec logement.

3° D'une partie à gauche des constructions, réservée au **Restaurant** et à son administration spéciale.

4° De divers locaux en sous-sol soumis à la surveillance du **Directeur** et de son **employé**.

Nous avons précédemment parlé du fonctionnement du bureau et de la délivrance des tickets. L'accès des locaux administratifs ne peut se faire que par la porte vitrée donnant à la suite du Bureau sur le couloir; elle est toujours fermée et ne peut être ouverte que sur l'appel d'une sonnerie avertissant le Directeur ou son employé.

A côté de cette porte, un **escalier** conduisant au sous-sol sert de passage aux **femmes de service des dortoirs** et aux **femmes de service du Restaurant**, rendant ainsi toute communication impossible

---

(1) Le Directeur est généralement un ancien sous-officier retraité, jeune et intelligent.

entre les services faits par des femmes et les locaux des pensionnaires.

Contigü au Bureau, l'appartement du **Directeur** se compose au **rez-de-chaussée** : d'un salon, d'une salle à manger, d'une cuisine, d'un closet et d'une salle de bains (¹), d'un escalier particulier pour le service des caves en sous-sol; **au premier étage,** il occupe 3 chambres à coucher et 1 cabinet de toilette.

Appartement du Directeur.

Il est situé au **rez-de-chaussée,** donnant sur la courette à proximité du **Bureau,** et se compose de 2 chambres, d'une cuisine et d'un closet.

Logement du Secrétaire.

Le **Restaurant** faisant partie d'une administration spéciale. Les locaux qui lui sont affectés sont loués au restaurateur, moyennant une modeste redevance, permettant aux pensionnaires de bénéficier d'une bonne, saine et abondante nourriture moyennant un prix relativement minime, fixé au cahier des charges.

Restaurant.

Les locaux de ce service, placés à gauche, de ceux administratifs, sont séparés d'eux par un mur de refend.

Comme nous venons de le dire le personnel du **Restaurant,** peut communiquer avec l'extérieur, mais en passant par le sous-sol et l'escalier de service auprès et sous la surveillance du **Bureau.**

La **Cuisine** est une grande pièce revêtue de grès

Cuisine.

---

(1) La cloison qui les sépare est aérée par le dessus.

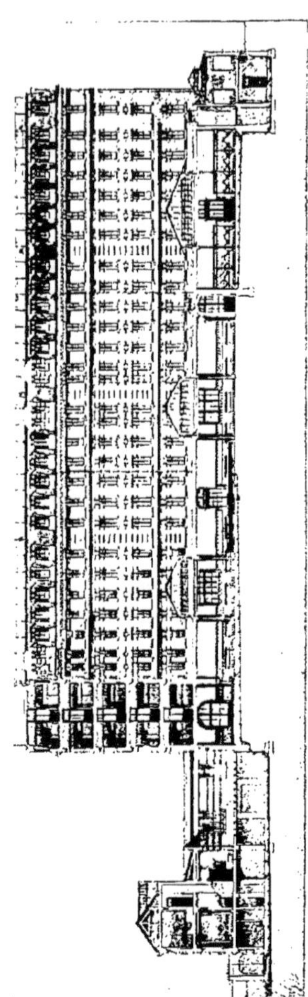

Fig. 6. — *Coupe longitudinale sur salle à manger et lavabos.*

ou briques émaillées sur toute la surface des murs; largement aérée et éclairée par un lanterneau.

Sur un des côtés se trouvent placées 2 vastes cuisinières, l'une au charbon, l'autre au gaz, avec bouilleurs, fours, rôtissoires, etc., etc., hotte en verre.

Batterie de cuisine disposée le long des murs ou sur des tablettes, grand évier profond en grès émaillé, alimenté d'eau chaude et d'eau froide. Autoclave pour la fabrication des conserves.

Toutes les boiseries sont peintes au Ripolin, avec sol dallé en ciment lissé, sauf au centre et autour de la table ou une partie du sol se trouve parquetée. Un passe-plat sert de communication de la cuisine au magasin de vente.

Une grande baie sépare la cuisine de la **Laverie du restaurant.** Cette salle est revêtue en grès ou briques émaillées du haut en bas, et le sol est en ciment lissé.

Sur un des côtés, les femmes de service disposent de 2 grands éviers profonds en grès, avec égouttoirs en hêtre, alimentés d'eau chaude d'eau et froide, provenant du bouilleur à circulation de la cuisine.

L'évacuation des eaux se fait dans un caniveau en grès émaillé, avec pente rapide rejoignant la canalisation principale.

Cette salle est meublée de tablettes et d'égouttoirs en hêtre pour la vaisselle provenant de la salle à manger, et qui passe par les 2 tours, communiquant avec la Laverie des Pensionnaires.

Laverie du Restaurant.

Magasin de Vente. On parvient de la **Laverie** au Magasin par une porte vitrée, et de la Cuisine par le dégagement et une porte vitrée, puis aussi par le passe-plat ouvrant sur une table chaude servant aux aliments préparés.

Cette salle est éclairée par un grand lanterneau et par une large baie vitrée formant devanture sur la **Salle à Manger** ; elle est entièrement revêtue de grès ou briques émaillées, et parquetée en hêtre sur bitume. Tout au pourtour sont installées des tablettes, où en évidence sont placés les produits alimentaires dont l'administration autorise la vente. Au milieu de cette salle, une table supporte nombre de plats préparés à la disposition des acheteurs.

Toutes ces menuiseries sont peintes au Ripolin.

Des deux côtés de la devanture vitrée, sur la Salle à manger, deux larges tablettes en chêne ciré permettent la réception et la livraison des plats préparés, dont les prix sont énoncés sur une pancarte, à la vue des pensionnaires.

Ils paient ordinairement.

PREMIER DÉJEUNER :

Café au lait, pain et beurre 0.15

MIDI ET SOIR :

Large assiette, viande légume et pain .... 0.30 à 0.40
Plat de poisson................................. 0.20
Légumes 0.10
Soupe.. 0.10

La vente de vin et de bière **très légers** peuvent être autorisés, toutes autres boissons alcooliques restant interdites.

Il s'y fait également la vente du tabac, sous ses diverses formes ; la vente des divers produits de l'épicerie, pour ceux qui préfèrent préparer leurs aliments, etc.; pour ceux-ci l'administration met gratuitement le sel et le poivre à leur disposition.

A proximité de la cuisine sont installés le **Garde-Manger** et l'**Épicerie**, séparés entre eux, et du couloir par des cloisons vitrées.

Dans le **Garde-Manger**, des tablettes et une table **Garde-** en ardoise servent au dépôt des viandes ou autres **manger.** aliments préparés.

De nombreux crochets en fer galvanisé servent à la pendaison des quartiers de viande.

Sur la cour, les fenêtres sont garnies de châssis métalliques empêchant les insectes d'y pénétrer.

Contigüe au **Garde-manger**, l'**Épicerie** dispose **Épicerie.** de tablettes en hêtre placées au pourtour et table au milieu pour le dépôt des marchandises.

Ces deux salles ont leurs menuiseries en sapin passées à l'huile et vernies avec sol dallé en ciment lissé.

A la suite nous trouvons au long du mur mitoyen, **Salle de** proche l'escalier de service, la Salle de bains et le **Bains et** Closet. **Closet.**

Ces 2 pièces éclairées par un lanterneau (¹) ont les murs et la cloison séparative revêtus de grès émaillé avec boiseries peintes au ripolin.

Quant à la **Salle de Bains**, le sol en est dallé en ciment avec baignoire en grès émaillé. Service d'eau froide et d'eau chaude par un appareil à circulation à gaz, caillebotis, le tout semblable aux Salles de Bains des locataires.

Closet. Appareil hospitalier en grès et syphon sans abattant pour l'été et abattant pour l'hiver. Réservoir de chasse, etc... Sol en hêtre posé sur bitume.

Chambres des Employées du Restaurant.

En façade sur le saut de loup, derrière la cuisine et desservies par un couloir, sont logées, au rez-de-chaussée et au premier étage, les **Employées du Restaurant à demeure**.

Leurs chambres, parquetées de sapin, avec cloisons en briques tapissées de papiers hygiéniques, sont éclairées chacune par une fenêtre.

(L'ameublement est fourni et entretenu par l'administration spéciale du restaurant.)

En annexe, une salle de réunion ou salon permet aux employées de s'y réunir, de causer entre elles, en dehors des heures de service.

Contigü au promenoir des hommes, un certain espace orné d'arbustes en caisses leur est aussi réservé pour leur promenade en plein air.

---

(1) La cloison séparant ces deux pièces est aéré par le dessus.

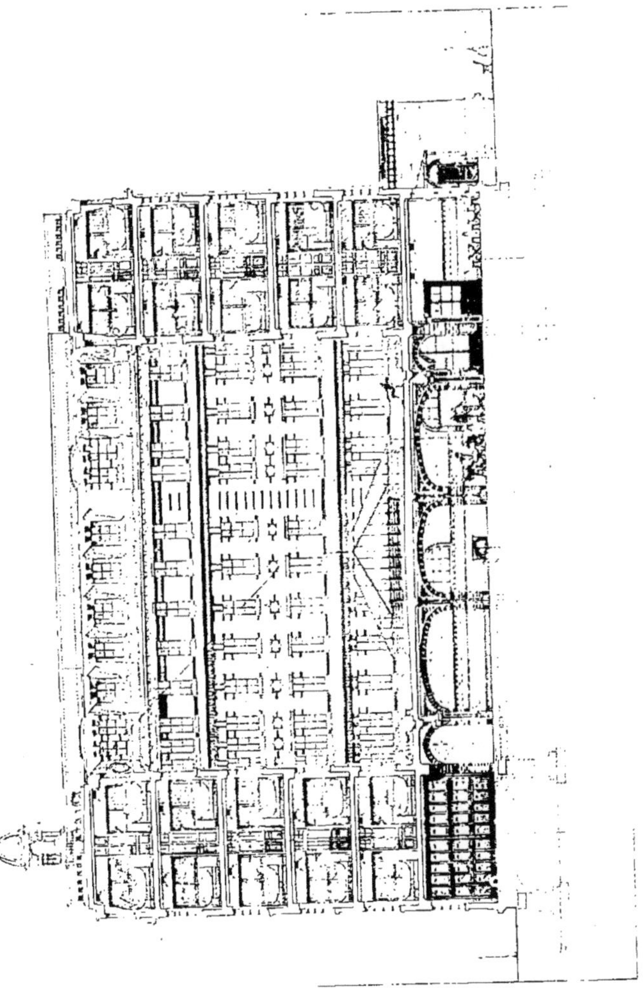

Fig. 7. — *Coupe transversale sur armoires, salle à manger et fumoir.*

Salles des employées femmes.

Comme nous l'avons indiqué plus haut, les **femmes employées aux dortoirs** accèdent au sous-sol par l'escalier de service, à côté du **Bureau**. — Dès **9 heures du matin** pour n'en ressortir que vers **4 ou 5 heures du soir**, soit environ 6 heures de travail par jour après s'être employées à la réfection des lits, au nettoyage et au lavage des parquets. Elles parviennent aux étages dortoirs par le grand escalier dont l'accès pendant la journée est fermé par une grille en fer.

Ces employées ont au sous-sol une **Salle-Réfectoire**, avec une petite cuisine où elles préparent et prennent leur repas de midi, qu'elles peuvent aussi faire prendre au **Restaurant de l'Hôtel**.

Un closet est à leur disposition.

Leur Cuisine est dallée en ciment. Les murs sont revêtus en grès émaillé sur une hauteur de 1 m. 80.

Le sol de la salle est parqueté en hêtre sur bitume. Les menuiseries sont peintes au ripolin.

(Voir plan du sous-sol fig. 2).

Les employées doivent assurer le service du linge avec les dortoirs.

Lingerie.

La **Lingerie** est une salle vitrée avec rayons et tablettes à claire-voie, aménagée du linge propre, des draps, housses, couvertures, oreillers, traversins, matelas en réserve, etc.

Monte= charge.

Toutes ces fournitures sont montées par le **monte-charge**, placé dans un angle de cette salle, et à tous les étages des dortoirs une femme de ménage les reçoit.

Plusieurs **tubes accoustiques** mettent en communication les dortoirs et le sous-sol.

Ce dépôt de linge est spécialement chauffé par un **Radiateur à gaz** nécessaire à l'aération du linge Le sol de cette Salle est parqueté en hêtre sur bitume.

A chaque étage le linge sale est groupé puis jeté dans une **trémie** en briques émaillées, pour tomber au sous-sol, de là il est transporté au dehors par la porte de service donnant sur le saut-de-loup. (1) — *Trémie du linge sale.*

Cette Salle sert de **Dèpôt et de Réserves** pour tout le matèriel de service, — *Réserve.*

Un caveau spécial loge les **compteurs** principaux de gaz et d'eau et les **compteurs** de gaz et d'eau du **Restaurant,** qui tous restent sous la surveillance particulière du Directeur. — *Compteurs.*

L'appartement du Directeur et le logement de l'employé, comprennent aussi leurs caves respectives. — *Caves.*

Sous les chambres des employées sont les Caves pour vins, charbons, à la disposition du **Restaurateur**

On parvient à la partie du **sous-sol** qui est aménagée à l'autre extrèmité de l'Hôtel, par les descentes situées sous les 2 grands escaliers, ou par la descente extérieure à l'extrémité gauche du Hall des Closets.

---

(1) Une buanderie spéciale peut être installée au sous-sol en utilisant l'eau chaude du générateur. placé sous les Salles de Bains. mais au cas, où plusieurs hôtels seraient édifiés, la création d'une buanderie extérieure s'imposerait.

Chaufferie. Sous ceux-ci, le sous-sol est disposé en Atelier (¹) De la on communique avec la **Chaufferie** ou est installé le **Générateur** communiquant avec le **réservoir** d'eau chaude alimentant les divers services du Rez-de-chaussée et, fournissant la vapeur aux **Radiateurs** pendant l'hiver.

Etuve des matelas. Le dessus du **générateur** est disposé en étuve sèche avec **claie tournante** sur pivot, à divisions latérales, où sont séchés pendant la journée, les matelas souillés durant la nuit.

Ces *Matelas* sont descendus des étages au Sous-sol par les deux **Monte-charges** placés à proximité et utilisés pour le service des poubelles.

Etuve de désinfection. A l'extérieur contre l'escalier de l'aile gauche un appentis clos sert d'étuve de désinfection aux vêtements ou pour les objets contaminés.

Poubelles. Tout proche sont disposées les **Poubelles** en tôle galvanisée, dont l'enlèvement est fait par la ruelle de service, qui sert ainsi que le grand promenoir au charroi de l'Hôtel et du Restaurant, le matin jusqu'à dix heures.

Chauffage. Le **Générateur** en sous-sol doit fournir en hiver la vapeur nécessaire (basse pression) au chauffage des **radiateurs** placés dans : la **Salle à Manger**, le **Fumoir**, la **Salle de Lecture**, le **Cordonnier**, le **Coiffeur**, le **Tailleur**, et la **Salle des Employés**. (²)

---

(1) Cet emplacement pourrait servir de buanderie future spéciale à l'Hôtel.

(2) Le chauffage de ces salles n'aura lieu que pendant 150 jours environ par année.

Les autres Salles, telles que : **Lavabos** et **Bains de Pieds**, sont tempérées par les tuyaux à air libre d'amenée d'eau chaude. L'Éclairage au gaz vient également contribuer pendant les longues soirées d'hiver au chauffage de ces différents services, ainsi qu'au chauffage des dortoirs.

Le **Générateur** alimente en eau chaude : la **Salle des Lavabos**, les **Salles de Bains** et **Bains de Pieds** la **Laverie du Linge des Pensionnaires** et le **Coiffeur**. (¹)

Eau chaude.

Un appareil spécial à circulation au gaz alimente d'eau chaude la **Laverie** de la **vaiselle des Pensionnaires**.

Les **deux Salles de Bains**, particulières, du Directeur et des employées du Restaurant sont pourvues chacune, d'un appareil de chauffage instantané au gaz.

Toutes les **Salles, Couloirs, Dégagemnts, Escaliers**, du **Sous-sol**, du **Rez-de-chaussée**, et des **Étages dortoir**, sont éclairées au **Gaz** (nouveau système Auer à récupération) avec compteur principal au Sous-sol, et robinets de commande des salles du rez-de-chaussée, placés dans le bureau.

Éclairage.

Chaque surveillant de dortoir, (deux par étage), à au moyen d'un petit compteur particulier, la surveillance du gaz dans ses sections.

---

(1) Les salles de bains et bains de pieds seront alimentés d'eau chaude toute l'année.

Fig. 8. — *Grande porte d'entrée sur le Boulevard.*

Toutes les canalisations, d'eau et de gaz, sont en fer, avec Robinets-vannes et Robinets à clef, etc., etc.

Les eaux pluviales, ménagères et vannes sont conduites aux branchements d'égoûts de la grande Rue et de la Rue secondaire, dans des canalisations en grès vernissé comprenant, des regards de visite à tous les branchements, des siphons, etc., etc.

Canalisa=tions.

Une attention spéciale est apportée à l'exécution des ouvrages sanitaires ; tant pour les ouvrages souterrains qui comportent doubles tubulures, que pour ceux à air libre, sans omettre les prises d'air nécessaires à une bonne ventilation de tous les appareils.

Les surveillants communiquent avec le bureau, des Étages ou de leur Salle à Rez-de-chaussée par un téléphone particulier.

Construction Générale de l'Hôtel

Un hôtel qui ne contiendrait pas plus de cinq cents lits avec des salles de jour vastes et commodes, ne pourrait donner un bénéfice satisfaisant, de même qu'un hôtel qui ne serait pas pratiquement et économiquement construit, en y consacrant l'emploi de matériaux de qualité supérieure et de longue durée, afin d'éviter les réparations d'entretien toujours trop coûteuses, ne pourrait atteindre le but proposé.

Toutes nos **fondations** sont prévues en béton et meulière suivant les emplacements.

Les **façades** sont prévues en briques blanches avec décoration de briques rouges et joints en ciment.

Les **appuis** ainsi que d'autres parties figurées en pierre sont prévus en béton aggloméré (sauf la façade sur rue qui reste en pierre et brique.)

Le **toit mansard** et les **petites lucarnes** sont construits en ciment armé.

La partie supérieure du mansard est revêtue d'une couche d'asphalte sablé, de même que,

Le **brisis** est enduit au goudron de gaz puis recouvert d'ardoises.

Les **planchers** des étages sont prévus en ciment armé avec parquet de sapin rouge sur lambourdes scellés. (¹)

La **grande terrasse** entre les 2 ailes est construite en ciment armé avec une couche d'asphalte pur et couche d'asphalte comprimé au-dessus.

Les **sols** du **rez-de-chaussée** et du **sous-sol** sont suivant l'affectation des pièces, dallés en ciment lissé et teinté sur forme en béton, ou parquetés en hêtre sur bitume et forme en béton.

Les **escaliers** sont construits en ciment armé avec plaques métalliques anti-glissantes scellées sur le bord de la marche.

Les **revêtements** émaillés sont prévus en grès ou en briques.

Pour faciliter le nettoyage, les angles des murs et plafonds sont arrondis.

Toutes les pièces du rez-de-chaussée et des étages sont ventilées, outre les fenêtres, par des ventouses et des conduits d'air placés à la naissance des plafonds, formant appel jusqu'au-dessus du toit.

---

(1) Le dallage en ciment ou le carrelage des dortoirs, procureraient une trop grande fraîcheur pendant les nuits d'hiver.

DÉPENSES CONSTRUCTION

Quoique la superficie totale de l'Hôtel qui nous occupe soit légèrement inférieure à celle des Hôtels similaires de Londres, nous estimons largement suffisantes les dimensions de nos Salles de jour à rez-de-chaussée, en raison du peu de probalités que nous avons de conserver, pendant toute une journée, enfermés dans l'Hôtel la totalité de nos Pensionnaires, ainsi que cela se présente à Londres tous les dimanches.

Dans l'étude très complète des plans et des devis que nous avons soigneusement établis, nous atteignons une dépense totale d'environ 960.000 francs se décomposant ainsi comme suit :

(Le terrain étant considéré dans cette première étude, loué à l'Assistance publique pour 99 ans).

Terrasse et Maçonnerie	320.000
Ciment armé, Asphalte, Dallages	140.000
Charpente en bois, Menuiserie, Parquets	120.000
Gros fers, Serrurerie, Quincaillerie	55.000
Couverture, Plomberie, Eau, Gaz, Canalisations, tout à l'égoût	45.000
A reporter...	680.000

	Report...	680.000
Installations sanitaires, Closets, Urinoirs, Lavabos, Bains, Eviers, Canalisations spéciales, Appareils à gaz		30.000
Fumisterie, Générateur, Cuisine, Radiateurs..		30.000
Monte-charges............................		3.000
Revêtements faïence, briques émaillées.......		22.000
Peinture, Vitrerie		65.000
Ameublemement, Bancs, Tables, Réserve linge, Literie, Tubes accoustiques, Téléphones.		70.000
		900.000
Frais divers, Direction Travaux, Constitution Société		60.000
	Coût total de l'Hôtel.....	960.000

Soit **1.200** francs chacun des lits, alors qu'à Londres le prix de revient est de **1.500** francs sans le Terrain.

Nous pouvons d'ores et déjà nous engager à exécuter l'Hôtel tel qu'il est indiqué aux plans et désigné au cours de ce livret explicatif, moyennant le prix net et à forfait de **1.200 francs** par lit.

Fig. 9. — Vue perspective des chambres à coucher.

DÉPENSES — ENTRETIEN DE L'HOTEL

ENTRETIEN DE 800 LITS à 0.60 par lit et par semaine ([1]).
Lavage en moyenne de 4 draps
et 1 taie d'oreiller............ 0.25   0.60   24.960
Entretien de la literie et des
couvertures 0.35

APPOINTEMENTS DE 10 EMPLOYÉS ([2]) hommes
(anciens militaires retraités) logés mais
non nourris (2 par étage) à 1.800 par an..   18.000

APPOINTEMENTS DE 12 EMPLOYÉES femmes (2 par
étage et 2 au sous-sol) pour le nettoyage
des dortoirs (non logées et non nourries)
6 heures de travail en moyenne par jour,
soit pour chacune 2.50 par jour.......   10.950

APPOINTEMENTS DU DIRECTEUR (sous-officier
retraité) logé, chauffé, éclairé...   par an   2.500

APPOINTEMENTS DU SECRÉTAIRE (logé, chauffé,
éclairé)......................   par an   2.000

A reporter...   58.410

---

(1) Les Rawton Houses comptent 0.75 d'entretien et usure par
lit et par semaine.

(2) Ce personnel est employé pendant la journée au nettoyage et
à la surveillance des salles du rez-de-chaussée.

Report...   58.410

EAU. — Eau de source environ 5 litres par jour et par personne.

Eau de rivière environ 5 litres par jour et par personne.

Environ 10 litres par jour et par personne.

En admettant 1000 personnes nous aurons 10^{m3} d'eau par jour.

Soit 5^{m3} d'eau de rivière par jour et par an........................ 300

Soit 5^{m3} d'eau de source par jour et par an........................ 600   900

GAZ. — Nous comptons environs 100 becs à 110 litres pendant une durée de 3 heures en moyenne pour toute l'année à 0.15 (faveur accordée par la ville).................... 1.806

CHARBON. — Environ 250 kilogs par jour pendant 150 jours soit 3700 kilogs et 100 kilogs par jour pendant 200 jours = 2000 kilogs, soit 5700 kilogs par an à 60 francs........ 3.420

CONTRIBUTIONS, PATENTES etc. — (Assimilé aux œuvres philanthropiques) estimation maxima............................. 1.500

TERRAIN. — Location à l'Assistance Publique d'environ 4.000 mètres, évaluée environ.. 1.800

Entretien du matériel, dépenses diverses pour entretien de l'Hôtel et assurance incendie (maxima)......... .... 2.500

Total entretien annuel de l'Hôtel...   70.336

RECETTES

ocation de **800 LITS** à 3 fr. par semaine (chiffre
   minima devant compenser quelques non-
   locations)........ .... par an.   124.800

.ocation de **800 ARMOIRES** ....

Recettes des **Bains**, approximati-
vement 20 bains par personne
et par an....................   environ ..   2.000

) Subvention du Restaurateur............. ..   8.000
   »   Coiffeur......
   »   Tailleur......   environ.....   1 500
   »   Cordonnier..
____
Total annuel des recettes.   136.300

L'Hôtel doit encaisser en moyenne un bénéfice de
..25 par lit et par jour (²).

____

(1) L'Hôtel ne retire de cette subvention qu'un profit minime, vu
'importance des locaux mis à la disposition du restaurateur, afin que
'établissemunt du prix des aliments soit aussi réduit que possible, et
pour que la nourriture d'un pensionnaire ne revienne pas à une somme
supérieure de 1 fr. environ par jour.

(2) Les Rawton Houses encaissent en moyenne un bénéfice de 0.30
par lit et par jour, soit moitié du prix de location qui est de 0.60 par
lit et par jour.

CONSTITUTION DE LA SOCIÉTÉ

A l'effet de réaliser cette œuvre d'un Hôtel pour ouvriers célibataires, il sera constitué, *en se conformant aux Statuts-types (¹) des Sociétés de Construction et de Crédit régies par la loi du 30 Novembre 1894 sous la forme anonyme,*

UNE SOCIÉTÈ ANONYME DES HÔTELS POUR OUVRIERS CÉLIBATAIRES

au capital de 960.000 francs divisé en 960 obligations de 500 francs rapportant 4 0/0 d'intérêts et 4.800 actions de 100 francs (²).

La durée de la Société serait de 99 ans.

Nous obtiendrions ainsi un résultat financier pouvant s'établir comme suit :

---

(1) Et à la circulaire du Ministre des Postes et Télégraphes, aux Préfets, relatives aux Statuts des Sociétés de construction ou de crédit d'habitations à bon marché. — du 23 juillet 1903.

(2) 2000 actions peuvent être actuellement souscrites par les entrepreneurs et constructeurs de l'Hôtel.

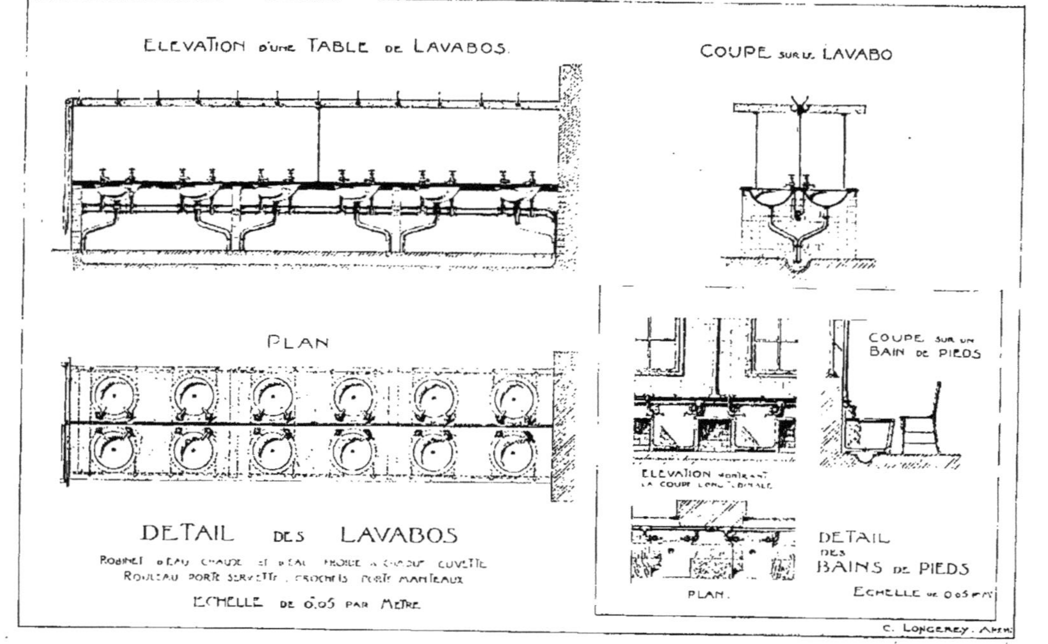

Fig. 10. — Détail des lavabos et bains de pieds.

PREMIER PROJET

1ᵉʳ **PROJET** avec location du Terrain à l'Assistance Publique

    Recettes, environ............ 136.300
    Dépenses entretien, environ.   70.300

            Bénéfice... Frs.   66.000   66.000

Intérêts des obligations : 480.000
    à 4 0/0......................   19.200
Intérêts des actions 480.000 à 5 0/0   24.000

            Reste... ....   43.200   43.200

Reste pour fonds de Réserve, Administration et Amortissement............   22.800

DEUXIÈME PROJET

2ᵐᵉ **PROJET** avec achat du Terrain, mais augmentation du prix du lit 0,10 soit 3 fr. 60 par lit et par semaine.

Terrain environ 4000ᵐ à 100 fr...	400.000
Frais d'achat, environ........	28.000
Construction de l'Hôtel.	960.000
Coût total.......... 1.388.000	

Recettes de 800 lits à 3 fr. 60 par lit et par semaine 149.760

Recettes diverses 11.500

Recettes totales annuelles. ... 161.260

DÉPENSES ANNUELLES (¹).... .... 68.500

Service intérêts des obligations 694.000 fr. à 4 0/0............. 27.760

Service intérêts des actions 694.000 fr. à 5 0/0............. 34.700

Total......... 130.960 130.960

Reste pour fonds de Réserve. Administration et Amortissement.... .... 30.300

(1) Dans cette deuxième étude, le chiffre des dépenses annuelles est diminué du montant de la location versée à l'Assistance publique.

Il est aisé par ces deux tableaux d'apprécier les avantages financiers, d'une pareille institution.

Ainsi que nous l'avons déjà dit au début de cette notice, Paris se doit à lui-même de concourir à l'édification d'Hôtels pour ouvriers célibataires.

Nous possédons déjà des universités populaires des clubs ouvriers, des syndicats corporatifs, d'autres encore où certes la nourriture intellectuelle et sociale s'y trouve largement répandue ; mais où le côté matériel, jusqu'ici négligé, fait totalement défaut.

Notre hôtel ne sera pas fréquenté par une même classe d'ouvriers ou un seul groupe corporatif, il y viendra, nous en sommes certains, outre des manœuvres, des ouvriers du bâtiment, des ouvriers d'industrie, il y viendra aussi des petits employés, des artistes et des déclassés, d'autres encore, ceux errants qui n'eurent jamais la satisfaction de reposer entre deux draps [1].

Pour beaucoup, il serait à désirer qu'aucune question concernant les services de police ne fût soulevée à l'égard de ceux qui se présenteront pour la nuit, fussent-ils miséreux et en loques, ou vêtus avec recherche, nous estimons qu'en payant ils ont droit au séjour dans notre hôtel, tant qu'ils se montreront polis, sobres, propres et respectueux des règlements.

L'expérience à démontré qu'avec une bonne direction, les locataires de ces hôtels, malgré leur humble condition et la grande liberté qui leur est

---

(1) Les soldats ayant terminé leur service militaire, les jeunes gens venus de province, tous, en quête d'un emploi trop longtemps attendu, auront recours à notre hospitalité.

ssée, font eux-mêmes leur police et éloignent eux-
mes les perturbateurs et les semeurs de discorde.

Tous semblent, en effet, apprécier hautement
atmosphère de bien être, de luxe même, qui y règne
avec le temps, opère sur eux une influence salutaire
empêchant ainsi d'exercer des déprédations sur
murs et sur le mobilier mis à leur disposition, et de
omber dans le vice.

Dans les salles de lecture, du fumoir ou de la salle
nanger, on remarque que les gens de même corpo-
ion (ou ceux qu'une mutuelle sympathie attire), se
oupent, fument, discutent, sans se quereller. Jamais
tervention des gardes, des agents n'est rendue
cessaire.

Comme conclusion, nous estimons que, outre les
antages de cette philantropie qui, pour se servir
n mot de Lord Rosebery, rapporte 5 0/0; lui permet
même temps d'élargir tous les jours son action
nfaisante sans être sujette, comme toutes les socié-
charitables, à compter sur l'aide souvent insuffi-
ate des souscripteurs bien intentionnés, mais dont
bonne volonté intermittente impose des limites et
trave l'avenir de la plupart des Institutions Phi-
atropiques.

Paris, le 15 Janvier 1904.

C. LONGEREY,
Architecte à Paris,
15, Rue du Louvre.

9 782014 450002